AF310294

LE LIVRE POUR TOUS

MILLE ET UN MANUELS POPULAIRES

POLITIQUE

AFFAIRE BAUDIN

PLAIDOYER DE GAMBETTA

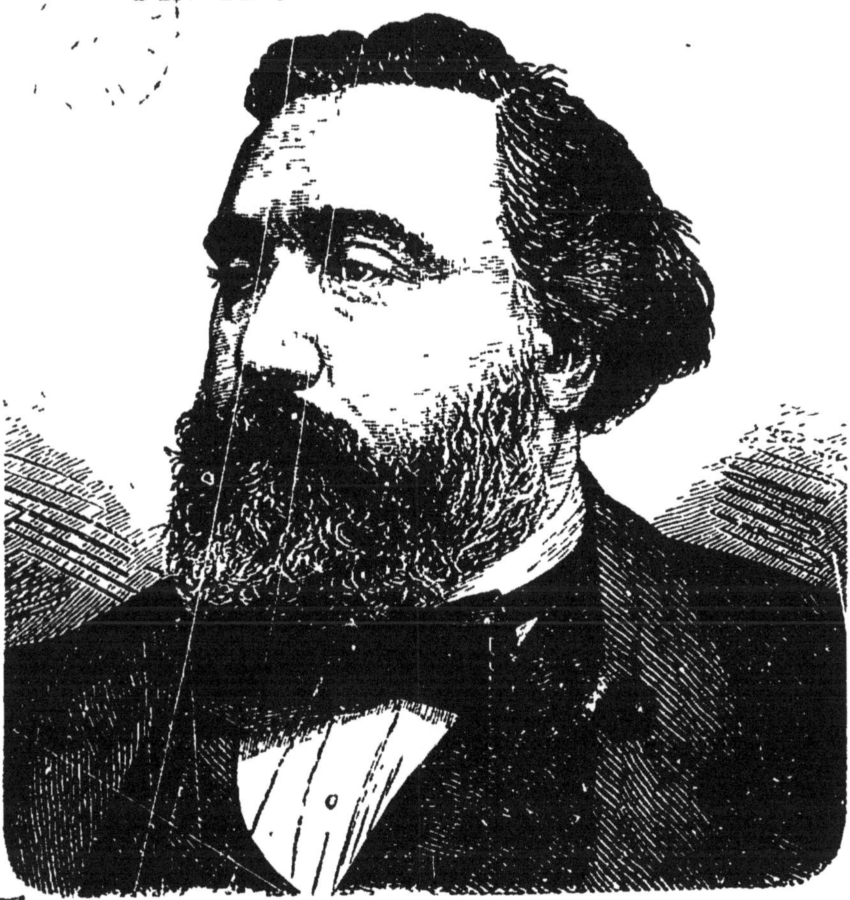

L. BOULANGER, éditeur, 90, boul. Montparnasse, PARIS.

LE LIVRE POUR TOUS

POUR PARAITRE

101. Politique : J.-J. Rousseau. *Le contrat social.*
102. Politique : Mirabeau. *Opinions et discours.*
103. Physique : *Les machines électriques,* tome I.
104. Physique : *Les machines électriques,* tome II.
105. Littérature : Danton. *Discours.*
106. Littérature : Desaugiers. *Chansons.*
107. Science : *Les moteurs hydrauliques,* tome I.
108. Science : *Les moteurs hydrauliques,* tome II.
109. Littérature Racine. *Les Plaideurs*
110. Littérature : Voltaire. *Candide.*
111. Littérature : Voltaire. *Candide.*
112. Littérature : J.-J. Rousseau. *L'enfance.*
113. Littérature : Diderot. *Ce n'est pas un conte.*
114. Littérature : Thiers. *Le 18 mars*
115. Littérature : Barbès. *Deux jours de condamnation à mort.*
116. Littérature : Diderot. *Les deux moines.*
117. Littérature : Beaumarchais. *Le mariage de Figaro,* tome I.
118. Littérature : Beaumarchais. *Le mariage de Figaro,* tome II.
119. Littérature : Beaumarchais. *Le mariage de Figaro,* tome III.
120. Littérature : Lamennais. *Le livre du peuple.*
121. Littérature : X. de Maistre. *La jeune Sibérienne,* tome I.
122. Littérature : X. de Maistre. *La jeune Sibérienne,* tome II.
123. Littérature : Longus. *Daphnis et Chloé,* tome I.
124. Littérature : Longus. *Daphnis et Chloé,* tome II.
125. Littérature : Longus. *Daphnis et Chloé,* tome III.
126. Littérature : Voltaire. *Poésies.*
127. Littérature : Corneille. *Le menteur.* tome I.
128. Littérature : Corneille *Le menteur,* tome II.
129. Littérature : Rabelais. *Gargantua,* tome I.
130. Littérature : Rabelais. *Gargantua,* tome II.
131. Littérature : Rabelais. *Gargantua,* tome III.
132. Littérature : Camille Desmoulins. *La Lanterne,*
133. Littérature : Carnot. *La révolution française*
134. Cuisine : *Les potages.*
135. Économie domestique : *La maison et son mobilier.*
136. Histoire : Tony Révillon. *Hoche,*
137. Politique : *Affaire Baudin,* plaidoyer de Gambetta.
138. Cuisine : *Les sauces.*
139. — *Les légumes.*
140. Travaux manuels : *Le filet.*
141. Histoire : Mercier. *Paris en 1789.*
142. Économie domestique : *Les ustensiles de cuisine.*
143. Travaux manuels : *Broderie,* tome I.
144. — *Broderie,* tome II
145. Histoire : Jules Clarétie. *Les derniers Montagnards*
146. Travaux manuels : *Tapisserie.*
147. — *Dentelle Renaissance.*
148. Littérature : Restif de la Bretonne. *Les vingt épouses des vingt associés.*
149. Travaux manuels : *Le crochet,* tome I.
150. — *Le crochet,* tome II.

Les nécessités du tirage peuvent amener quelques modifications à cette liste. Les 50 volumes suivants seront publiés ultérieurement. La collection comprendra tout ce qu'il est utile de savoir. — Chaque mois le dernier volume de la dizaine parue porte la liste de la dizaine à paraître. — Il paraît deux volumes par semaine, le jeudi et le dimanche. — Les dix premiers volumes sont envoyés *franco* moyennant **1 fr. 25** à toute personne qui en fait la demande.

Les personnes qui nous demanderont les dix premiers volumes recevront, à titre de **prime**, un *élégant cartonnage* permettant de lire chaque volume sans le froisser. S'adresser chez l'éditeur. — On peut s'abonner soit chez l'éditeur, soit chez les libraires et marchands de journaux.

Ces volumes se trouvent chez tous les libraires au prix de **10** centimes chacun.

Dans le cas où on ne pourrait se les procurer, l'éditeur reçoit des abonnements au prix de **1 fr. 25** la série de 10 et de **6** francs la série de 50 volumes.

Ces prix comprennent le port. Dans ce cas les volumes sont expédiés **2 à la fois** le samedi de chaque semaine. — Les volumes parus peuvent toujours être fournis d'un seul coup et immédiatement.

10 centimes le numéro.

LE LIVRE POUR TOUS

Aujourd'hui un livre, quel qu'il soit, ne peut compter sur un grand succès durable que s'il est tellement *bon marché* que tout le monde puisse l'acheter sans compter, s'il est *tellement intéressant* et utile, que tout le monde dise : « *Je veux le lire, l'avoir et le garder.* »

Or il n'y a pas de livres d'un intérêt plus réel, d'une utilité plus pratique et plus constante que ceux qui fournissent des *renseignements précis et complets* sur ce que tout le monde veut savoir et doit connaître.

Mais ces livres d'information et de référence ne sont vraiment bons qu'à la condition d'être des guides toujours sûrs, des conseillers toujours prêts à répondre exactement aux nombreuses questions que l'on a sans cesse à résoudre. Ils doivent être méthodiques, exacts, clairs, faciles à manier, commodes à emporter partout avec soi. Ils doivent en outre constituer dans leur ensemble la meilleure et la plus parfaite des encyclopédies; et en même temps chacune de leurs parties doit former un tout distinct, de telle sorte que celui qui veut se contenter de cette partie unique y trouve tout ce dont il a besoin.

Un dictionnaire ne peut réunir ces avantages : s'il est volumineux, il est cher et par conséquent pas à la portée de tous; s'il est petit, il est restreint, et les articles en sont nécessairement écourtés, incomplets. De plus le dictionnaire renvoie d'un mot à l'autre, il ne peut se lire à la suite, il contient des redites. Les manuels, les traités sont évidemment plus utiles, mais ils sont d'ordinaire d'un prix élevé, surtout quand il s'agit de questions spéciales ou scientifiques ou techniques.

Nous avons pensé qu'il restait à créer une collection réunissant, à la fois, l'utilité des dictionnaires et celle des manuels, et d'un prix si minime que tout le monde puisse se la procurer.

Nous avons donné à cette collection un titre général disant d'un mot ce qu'elle est :

Le Livre pour tous, c'est-à-dire le livre indispensable à tout le monde, le livre auquel on doit avoir recours en toute occasion et qui mérite toute confiance.

Le Livre pour tous donne à tous les connaissances nécessaires à tous. Il est le vade-mecum de toute instruction pratique, le répertoire de toutes les sciences usuelles.

Le Livre pour tous est le livre de tous ceux qui travaillent, qui étudient, qui s'informent, qui veulent s'éclairer, c'est-à-dire tout le monde.

Ce qui distingue notre collection de toutes celles que l'on a publiées dans le même genre et ce qui fait sa supériorité sur toutes les compilations adressées aux lecteurs sous prétexte de vulgarisation, ce qui doit lui donner la préférence sur les dictionnaires et les manuels, c'est, nous le répétons :

1° Le *bon marché*. — Chacun de nos volumes ne coûte que 10 centimes, et contient comme texte le tiers d'un volume ordinaire de 300 pages vendu 3 fr. 50 et même de 4 a 6 francs.

2° *L'abondance et l'exactitude des renseignements*. — Chacun de nos volumes est rédigé avec le plus grand soin par des auteurs compétents d'après les travaux les plus récents et les plus autorisés.

3° La *commodité du format*. — Chacun de nos volumes peut facilement tenir dans la poche, on peut l'emporter avec soi à la promenade, le lire en voiture, en omnibus. en chemin de fer.

4° La *clarté du texte*. — Les volumes sont imprimés en caractères neufs, lisibles sans fatigue, et les matières sont disposées de telle sorte que d'un coup d'œil on trouve ce que l'on cherche.

5° La *valeur documentaire*. — Chaque volume forme un tout; mais l'ensemble des volumes forme une encyclopédie. Dans chaque volume, chaque sujet est traité à fond. De plus chaque volume est accompagné de documents, de tables de références, de tables statistiques, etc., qui sont d'un usage precieux.

Il suffit d'avoir sous les yeux un seul de nos volumes pour se rendre compte de l'importance de notre collection et des services qu'elle rend.

Tous les volumes de la collection sont rédigés avec le même soin, d'après la même méthode et dans le même but d'utilité.

N. B. Le Livre pour tous *peut être mis dans toutes les mains. C'est la meilleure récompense à donner aux élève, dans toutes les ... C'est la collection la plus utile à tout le monde.*

L'éditeur-gérant : L. BOULANGER.

Sceaux. — Imp. Charaire et Cie.

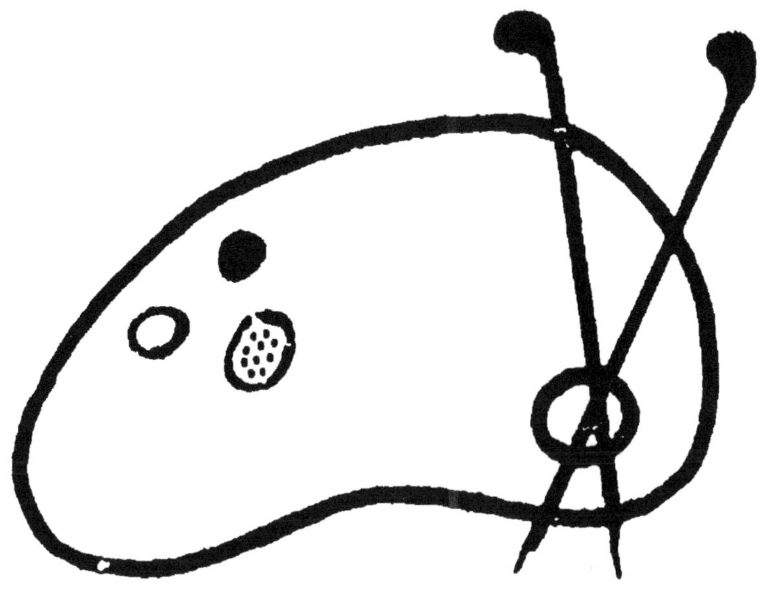

Fin d'une série de documents
en couleur

LÉON GAMBETTA

ET

L'AFFAIRE BAUDIN

LÉON GAMBETTA

LÉON GAMBETTA

ET

L'AFFAIRE BAUDIN

Le 2 novembre 1868, un certain nombre de démocrates se donnèrent rendez-vous au cimetière Montmartre, pour y rechercher la tombe de Baudin.

Baudin ? qu'était ce nom ignoré de la génération du moment ? Ignoré, pas tout à fait cependant. M. Ténot venait de publier son histoire du Coup d'Etat de Décembre 1851. Ce livre avait été avidement lu, c'était presque une révélation. En vérité, le silence s'était fait si profond sur les origines de l'Empire qu'on avait oublié ces odieux massacres. Beaucoup — et parmi les jeunes gens surtout — ne savaient rien ni du crime ni de la résistance héroïque. Le journal le *Réveil* avait lancé dans le public l'idée de la célébration de cet anniversaire : « On ne pouvait empêcher un peuple, avait écrit M. Charles Quentin, de s'honorer lui-même en honorant la mémoire de ceux qui lui ont légué de grands exemples, de ceux qui, comme Godefroy Cavaignac, ont usé leur vie aux luttes de la liberté, de ceux qui, comme Baudin, sont tombés martyrs en défendant la loi. » Donc, au jour des Morts, un premier groupement s'était formé autour de la tombe de G. Cavaignac; Gaillard père, qui plus tard prit part à la Commune, s'était occupé de découvrir la tombe de Baudin, perdue dans les broussailles, et bientôt un nombre assez important de republicains s'étant trouvés réunis, Charles Quentin prononça quelques paroles qui furent accueillies au cri de : Vive la Liberté ! Vive la République ! Un jeune homme prononça ensuite un discours en l'honneur de Baudin, réclamant vengeance contre les assassins. Gaillard fils lut une pièce de vers, et Peyrouton lança un appel aux armes. La foule se dispersa d'ailleurs sans encombre. Mais Delescluze, avec son esprit pratique et sa volonté de provoquer à tout prix des manifestations hostiles à l'Empire, sentit que le moment était venu de frapper un coup énergique qui éveillât l'attention publique. De concert avec M. Peyrat, rédacteur en chef de l'*Avenir national*, il ouvrit une souscription pour élever un monument au martyr de Décembre. Certes, il était difficile de porter à l'Empire un coup plus direct. Glorifier l'homme qui avait résisté à Bonaparte, c'était par conséquent accuser son assassin, c'était poser le droit en face du crime. La *Revue politique* se joignit au *Réveil* et à l'*Avenir*, disant : «Puisque la date de 2 Décembre vous trouble, nous ne cesserons de l'agiter devant vous ! »

Les listes de souscription s'ouvrirent et aussitôt les noms les plus respectés s'y inscrivirent. Effrayé, irrité surtout, le gouvernement fit saisir les journaux et assigner en police correctionnelle Delescluze, Peyrat, Challemel-Lacour. Il engageait la bataille, ignorant comme toujours ce qu'elle allait lui coûter ; car il avait affaire à forte partie. Ces hommes énergiques avaient tous souffert pour leur cause ; Delescluze avait été envoyé à Cayenne et était de force à risquer de nouveau la déportation. Ils ne songèrent aussitôt qu'à tirer de cet incident tout le parti possible contre l'Empire. Peu leur importait la peine dont ils seraient frappés ; ils voulaient crier bien haut leurs anathèmes, ils voulaient que la France entière les entendit clouer Napoléon III au pilori. Voilà le vrai courage civique ! c'était beau, parce qu'il y avait péril réel. Qui pouvait douter que Napoléon redevînt le Bonaparte de 1851 ? Est-ce qu'il ne se jouerait pas de toutes les formes légales ? Est-ce qu'il n'userait pas de toutes les ressources de l'arbitraire ? Mais Delescluze et ses amis étaient prêts à tout. Tout d'abord ils provoquèrent une consultation juridique, tendant à prouver l'illégalité de la poursuite. Cette consultation, véritable réquisitoire contre le 2 Décembre, était signée de Crémieux, Emmanuel Arago, Clément Laurier, Grévy, Allou, Desmarest, Baze, Floquet, Gambetta, Jules Ferry, Albert Liouville, Frédéric Thomas, Dréo, Hubbard, Léon Renauld, Hérold, Hérisson, etc.

Ce n'était pas tout. Les lettres d'adhésion à la souscription arrivaient en foule. L'une d'elles surtout produisit sur le public — et, en peut le dire, sur le pouvoir — un effet saisissant. Mourant, Berryer, le grand orateur légitimiste, avait écrit :

« Le 2 Décembre 1851, j'ai provoqué et obtenu de l'Assemblée nationale, réunie à la mairie du X⁰ arrondissement, un décret de déchéance et de mise hors la loi du président de la République, convoquant les citoyens à la résistance contre les violations des lois dont le président se rendait coupable. Ce décret a été rendu aussi public, dans

Paris, qu'il a été possible. Mon collègue, M. Baudin, a énergiquement obéi aux ordres de l'Assemblée ; il en a été victime, et je me sens obligé de prendre part à la souscription ouverte pour l'érection d'un monument expiatoire sur sa tombe. »

Louis Blanc écrivait : « L'hommage rendu à la mémoire de l'héroïque Baudin est un acte auquel je m'associe de toute mon âme. » — François-Victor Hugo : « J'apporte mon humble pierre au monument que vous élevez à la mémoire de l'héroïque Baudin. » Victor Hugo ; « Vous avez eu une noble et haute pensée. Élever un monument à Baudin, c'est élever un trophée au droit, pour lequel Washington a vécu et pour lequel Baudin est mort. » Elgar Quinet, Odilon Barrot, vingt autres venaient témoigner de leur respect pour ce défenseur du droit.

Le procès vint devant la sixième chambre du tribunal correctionnel le 13 novembre. Les avocats étaient pour Charles Quentin, Crémieux ; — pour Challemel - Lacour, Clément Laurier ; — pour Peyrat, Emmanuel Arago ; — pour Delescluze, Gambetta.

Léon Gambetta était inconnu du public. Seuls, ses amis, la jeunesse des écoles connaissaient et appréciaient ce talent énergique, cette conscience vigoureuse, ce courage à toute épreuve. Delescluze avait choisi en lui le tribun sans peur qui ne reculerait devant rien et, au risque de sa liberté, attaquerait l'Empire sans ménagements ni réticences. Il avait bien jugé.

Léon Gambetta naquit à Cahors le 2 avril 1838, Son père, originaire de Gênes, était épicier. Sa mère, Orasie Massabie, descendait d'une vieille famille bourgeoise du Quercy. Il était par excellence un fils de ces *nouvelles couches sociales* dont il devait proclamer et diriger l'avénement avec tant d'éclat.

Après avoir fait de rapides et brillantes études d'abord au petit séminaire de Montfaucon, puis au lycée de sa ville natale, Léon Gambetta vint à Paris pour suivre les cours de l'Ecole de droit et se livrer, selon le désir de sa mère qui lui avait appris à lire dans les œuvres d'Armand Carrel, à sa passion déjà dominante pour la politique. Inscrit au barreau en 1860, il débuta bientôt avec succès, mais sans se laisser éblouir par ses premiers triomphes oratoires, et continua à développer par d'immenses lectures une instruction qu'il sentait incomplète. On a beaucoup glosé sur les longues stations du jeune avocat au café Procope, et de nombreuses légendes plus ou moins inexactes ont couru sur *les années d'apprentissage* de Gambetta. On n'a presque rien dit du travail acharné auquel il s'appliqua sans relâche dans le modeste appartement que tenait son excellente tante et où il ne recevait que des amis d'élite. C'est pourtant ce labeur passionné et méthodique à la fois qui sera digne de fixer un jour l'attention d'un véritable historien. Dans les cafés, à la conférence Molé dont il fut deux fois président, à la conférence du Stage dont il fut le troisième secrétaire, Gambetta ne faisait guère qu'ouvrir une écluse aux pensées qui s'agitaient dans son ardent cerveau. Mais ce n'était que la ·moindre partie de son existence. Peu d'hommes sont entrés mieux armés que lui dans la vie publique. Et c'est lui-même qui s'arma. Il n'a réellement paru sur la scène qu'après avoir parachevé une éducation littéraire, historique, économique, politique et militaire qui faisait, dès 1865, l'admi-ration des vieux hommes d'Etat, de Thiers qui eut pour lui, de très bonne heure, un goût très vif, de Crémieux dont il fut le secrétaire favori, de Jules Favre. Il suivait avec assiduité les séances du Corps législatif, dont il rendit compte, pendant quelque temps, dans l'*Europe*. Il s'appliquait à connaître et à comprendre les hommes importants de tous les partis. Il voyagea deux fois en Orient, et ne voyagea pas en simple touriste. Il voulut toujours voir et savoir par lui-même et, méditant profondément sur les causes qui avaient fait échouer la tentative républicaine de 1848, il s'appliqua à dégager des nuages une conception claire et pratique de la démocratie.

Ce fut aux élections générales de 1863 que Gambetta fit son premier acte de politique un peu éclatant, en soutenant avec énergie dans le sixième arrondissement, qui était le quartier des Ecoles, la candidature, simplement libérale, de Paradol. Il a toujours été fier de cet acte d'indépendance qui lui créa, dès lors, une place à part dans le camp républicain. Cette campagne n'a pas été moins caractéristique de son tempérament d'homme d'Etat et de sa ligne générale de conduite que ne le fut, quelques années plus tard, sa foudroyante intervention dans l'affaire Baudin.

Le tribunal était présidé par M. Vivien, en qui on s'attendait à rencontrer un émule de Delesvaux. Quelle surprise quand on vit ce président écouter complaisamment les attaques les plus acerbes, les plus brutales contre l'Empire, interrompant parfois les orateurs par acquit de conscience, avec douceur même, comme pour leur rappeler que, tout en étant décidé à les laisser parler, il était peut-être des limites qu'il ne pourrait pas leur permettre de franchir. Le procureur impérial, Aulois, vrai suppôt de Bonaparte, avait lancé un réquisitoire furieux, glorifiant le coup d'État, encensant l'Empire et l'empereur.

Ce réquisitoire se terminait ainsi :

... Eh bien, soit, vont dire les prévenus, notre but n'est pas sans mélange ; il se peut que nous ayons voulu, en exaltant Baudin mort pour la légalité, manifester notre réprobation pour le régime contre lequel il luttait ; mais ce régime n'est plus, il appartient à l'histoire, il nous appartient, et nous pouvons l'apprécier sans tomber sous l'application de la loi qui punit les attaques contre le gouvernement impérial.

Il y a de nombreuses réponses à faire sur le terrain où l'on nous attire ainsi et que nous ne fuirons pas.

En premier lieu, je demanderai aux prévenus si leurs manœuvres, en supposant qu'elles n'atteignent pas le gouvernement impérial, n'ont pas toujours pour but évident de troubler la paix publique. Pourquoi ces efforts passionnés, pourquoi cette recrudescence de récriminations contre le 2 décembre, si ce n'est pour aboutir à ce résultat, et ce résultat peut-il être autre, dans tous les cas, qu'une atteinte à l'ordre ? Mais, messieurs, n'est-il pas tout aussi évident que le but des prévenus est de se faire du 2 décembre et de la mort de Baudin une arme pour frapper le gouvernement de l'Empereur et appeler sur lui la haine et le mépris? Est-il donc permis de diviser des événements que soude ensemble une étroite et légitime connexité : le 2 décembre et le régime qui en est sorti? Est-ce que le 2 décembre et l'Empire ne sont pas un tout unique, consolidé par le vote de la nation, par une convention régulière et devenue la loi de tous? On s'efforce d'effacer ces souvenirs importuns, on nie des faits éclatants, on méconnaît l'histoire d'hier ; elle est encore sous nos yeux, il faut la rappeler hautement, c'est la seule réponse qu'on doive faire à ceux qui, volontairement ou non, ferment leurs yeux à la lumière et leurs esprits aux leçons du passé.

Vous souvient-il, messieurs, des élections du mois de décembre 1848, pour l'élection du président de la République? Pour moi, j'ai été profondément frappé de la tournure que prit ce grand événement. Je n'ai jamais vu, depuis cette époque, une candidature plus entièrement officielle que celle du chef du pouvoir exécutif d'alors, le général Cavaignac ; à tous les rangs de la hiérarchie, les fonctionnaires se livraient en sa faveur à la propagande la plus active, toutes les chances semblaient être pour lui, et cependant ce fut un homme presque sans partisans, dont le nom sortit de l'urne avec 5,500,000 suffrages.

Ah ! ce fut un spectacle étrange, en vérité : du fond des campagnes accouraient les votants, par bandes compactes, avec un indescriptible élan, se refusant à prêter l'oreille à aucune sollicitation, ayant le candidat de leur choix et ne souffrant pas qu'on leur parlât d'un autre. Le président en fonction, vous n'avez pas oublié la situation intolérable, humiliante, dangereuse pour le pays où il se trouva placé : à la faveur des tiraillements des partis qui se disputaient le pouvoir, la licence était entrée partout, les doctrines les plus inouïes étaient publiquement professées, la menace était à l'ordre du jour, c'était l'anarchie, c'était le gouffre ; la France demandait à être sauvée de ces périls, il lui fallait une solution ; le chef du pouvoir exécutif, guidé, entraîné par le sentiment public, prit en main la direction du pouvoir. Il eut à lutter, sans doute, contre quelques résistances, mais l'immense majorité était avec lui.

En voulez-vous la preuve ? rappelez-vous les circonstances de la mort de Baudin lui-même : la masse des ouvriers était sourde à ses excitations, au cœur du faubourg Saint-Antoine, et ceux même sur qui on devait compter le plus ne lui répondaient que par des sarcasmes et des injures, et sa mort même ne parvenait pas à les réchauffer et à leur donner la pensée de protester contre les actes qui s'accomplissaient. C'est alors que le président convoqua le pays entier à juger sa conduite : « Vous savez ce que j'ai fait, ai-je eu tort ? Prononcez-vous ; ai-je sagement agi ? ratifiez ma conduite. » Et la nation, consultée, répondit par 7,473,000 adhésions sur 8,151,000 votants ! Et quand, quelques mois plus tard, le président demanda la transformation de ses pouvoirs et son titre, ce fut un nombre plus grand encore de votes sympathiques qui lui furent donnés ! Et depuis, en toute occasion, le suffrage universel n'a cessé de lui être favorable en envoyant auprès de lui, pour concourir au règlement des intérêts publics, des hommes dévoués à sa politique et à sa dynastie ! Voilà des faits, il n'appartient à personne de les passer sous silence ou de les dénaturer.

Ils peuvent gêner, sans doute, mais enfin, ils sont, et aucune puissance humaine ne peut les supprimer.

Vous voulez être des vaincus, soit! mais alors vous êtes des vaincus de la nation, du suffrage universel, du peuple souverain. Vous proclamez chaque jour, dans vos discours, dans vos écrits, cette souveraineté de la nation ; pourquoi ne vous inclinez-vous pas devant ses arrêts? Y aurait-il deux peuples souverains, celui dont les décisions vous seraient favorables et celui qui se refuserait à vous donner raison, et vous croiriez-vous seulement obligés à respecter le premier ; Vous ne voulez pas qu'on pense cela, soit ! mais alors soyez conséquents avec vos propres principes en respectant le gouvernement que le pays s'est librement, volontairement donné, comme vous voudriez qu'on vous respectât vous-mêmes si son suffrage vous avait fait triompher.

J'ai fini, messieurs, je vous ai montré tous les éléments constitutifs du délit, les manœuvres et le but? à vous d'appliquer la loi. Vous apprécierez dans quelle mesure chacun des prévenus doit être frappé. Mais vous n'oublierez pas que tous ont concouru au premier acte d'une campagne projetée contre l'ordre et le pouvoir établis. Sera-t-elle poussée plus loin? Je ne suis pas de ceux qui croient trop vite aux dangers de l'avenir et s'en épouvantent. Vienne la nécessité d'agir, on saurait bien aviser. Pour aujourd'hui, il faut donner un avertissement aux uns, une assurance aux autres. Votre sévérité y pourvoira.

M. Crémieux se leva le premier, discutant en vieux parlementaire, s'efforçant d'atténuer la responsabilité de son client, incriminant les témoignages, mais cependant condamnant durement le coup d'État et son auteur.

Messieurs, s'écria-t-il, depuis 1789 jusqu'à ce moment, nous avons eu en France quatre rois expulsés, deux coups d'Etat. Les quatre expulsés, je n'ai pas besoin de les rappeler ; les deux coups d'Etat sont : le 18 brumaire et le 2 décembre.

Une voix dévouée à l'Empire vient d'avoir le courage insensé d'écrire ces mots : « Les hommes du 18 brumaire et les hommes du 2 décembre ne se laisseront pas escamoter le pouvoir. »

Eh bien, avant de mettre en cause le 2 décembre, racontons le 18 brumaire.

D'abord entre les deux hommes des deux coups d'Etat point de comparaison possible : le premier était le général de l'armée d'Italie, le général de l'expédition d'Egypte. Et après le coup d'Etat, il présentait le Consulat, époque où la gloire extérieure venait dorer de ses rayons toute cette organisation intérieure dans laquelle nous vivons encore. Vint ensuite cette épopée — l'Empire, où l'on vit l'homme sorti du néant appeler dans sa couche impériale une archiduchesse d'Autriche et son plus jeune frère devenir l'époux d'une fille de rois, qui d'ailleurs a montré, dans les malheurs de son mari, l'élévation et la dignité du plus noble caractère.

Le 18 brumaire n'était-il donc pas absous par tant de grandeur ? Vous parlez du suffrage universel : Mais combien de millions de voix proclamèrent le Consulat à vie ? Combien de millions de voix proclamèrent l'Empire ?

Mais le crime ne peut pas s'absoudre, et le plus grand de tous les crimes, c'est la main du soldat portée sur la représentation nationale.

Ecoutez l'histoire, cette grande institutrice du genre humain, écoutez-là, vous qui parlez de l'absolution donnée au 2 décembre. Le général du 18 brumaire avait chassé les représentants du peuple en 1799, seize ans plus tard, entendez-vous, seize ans plus tard, les représentants du peuple chassaient le général du 18 brumaire, devenu empereur des Français. Ils le chassaient avec cette parole de Lafayette à Lucien : « Dites à votre frère qu'il se hâte d'envoyer son abdication ou nous lui enverrons sa déchéance, » et une heure après la Chambre des représentants recevait l'abdication.

Attendez : qui donc avait soutenu de sa vive parole la trahison du général Bonaparte? son frère Lucien, président du Conseil des Cinq-Cents. Ecoutez, messieurs, qui vint porter l'abdication de Napoléon, humblement, au président de la Chambre de juin 1815? son frère Lucien, prince de l'Empire. Oh! grandes leçons de l'histoire, comme on vous oublie !

M. Crémieux, passant au 2 décembre, raconte la violation de la Constitution et ajoute en terminant :

Voilà le président qui a juré cette Constitution devant Dieu et devant les hommes, et qui vient de la violer en brisant l'Assemblée nationale elle-même, et c'est à lui que vous donnerez le droit!...

Le droit dans la violation du serment! le droit dans la violation de la Constitution jurée! le droit dans la force armée!

Non, non, vous n'oseriez pas consacrer cette énormité, ce serait une apostasie dans cette belle religion, dans ce culte que vous devez à la loi.

Et remarquez bien que c'est le 3 décembre que Baudin a été tué, le 3 décembre, quand l'homme du 2 décembre a disposé ses troupes en cas de lutte, et il devait attendre la lutte, quand, tout entier à la violence, il était ce qui se disait le gouvernement.

Prenez le livre de M. Ténot, lisez le récit de la journée du 4, récit poignant dans sa simplicité de procès-verbal, cruel à ceux qui se rappellent les charges des lanciers, les décharges de mitraille, les femmes, les enfants tombant comme les hommes.

Je parlais de la loi massacrée gaiement. Oui, lisez dans le *Moniteur* du 14 mars 1865, le discours prononcé par le premier ministre, par le ministre d'Etat, M. Rouher, sur la tombe de M. le duc de Morny, à qui l'on dresse des statues quand on trouve mauvais que nous pensions à Baudin.

« Pénétré, disait le ministre, pénétré de l'importance du service spécial auquel il concourait, il accepta avec une sorte de gaité et de courageux empressement cette redoutable responsabilité ; nous savons tous avec quel sangfroid, avec quelle modération, avec quelle sereine fermeté il a rempli sa mémorable et périlleuse mission. »

Des bronzes ! des statues ! que le second Empire en dresse encore d'autres, mais qu'il nous laisse ensevelir nos morts !

Après lui, Emmanuel Arago, déjà plus hardi, Clément Laurier, plus acerbe, portaient ce procès sur son véritable terrain, l'acte d'accusation du deux décembre.

M⁰ Arago débute en ces termes :

« Je ne connais rien de plus beau, de plus grand, que la mort du républicain Baudin, mon cher ancien collègue de 1849, 1850 et 1851. Il est tombé le 3 décembre victime volontaire de son dévouement à la loi, à la Constitution votée et promulguée, loi suprême qui ne lui avait pas demandé le serment que je lis :

« Art. 48. — Avant d'entrer en fonctions, le président prononce les mots suivants :

« En présence de Dieu et devant le peuple français représenté par l'Assemblée nationale, je jure de rester fidèle à la République démocratique une et indivisible et de remplir les devoirs que m'impose la Constitution. »

« Et l'art. 68 : « Toute mesure par laquelle le président de la République dissout l'Assemblée nationale, la proroge ou met obstacle à l'exercice de son mandat est un crime de haute trahison. Par ce seul fait, le président est déchu de ses fonctions, les citoyens sont tenus de refuser obéissance.

« Et cet autre : « L'Assemblée nationale confie le dépôt de la présente Constitution à la garde et au patriotisme de tous les Français. »

« Vous êtes pour moi des jurés ; je ne descendrai pas avec vous à une question de grammaire. Je défie le ministère public de me citer un acte qui soit une manœuvre selon lui. Je m'engage à en faire la preuve.

« Si dix-sept ans ont passé sur la France sans que la tombe d'un martyr ait reçu des hommages, ce n'est pas par oubli, comme le prétendait M. l'avocat impérial, c'est que les morts du 3 et du 4 décembre n'avaient pas eu de funérailles ; c'est que les admirateurs de Baudin ne savaient où placer leurs couronnes.

« Mais voilà qu'un jour on découvre une sépulture, on y retrouve le nom illustre que nous enseignerons à nos fils ; et dès que la nouvelle est connue, chacun prend la résolution de saluer sa tombe. Manœuvres ! hypocrisie ! prétextes ! faux hommages !

« Pourquoi donc sommes-nous devant vous ? Pourquoi ? pour étouffer la mémoire de Baudin, c'est parce que ce nom signifie dans le monde entier : la loi, la loi morte, la loi violée, massacrée, massacrée gaiement. Lisez dans Tenot l'histoire du 4 décembre, récit poignant dans sa simplicité de froid procès-verbal, lamentable, terrible, pâle, les charges de cavalerie, les boulets, les enfants, les femmes cernés et mitraillés ; journée bien horrible aux yeux des étrangers qui ont raconté chez eux leurs émotions parisiennes, journée bien pâle aux yeux de ce républicain qui revêtu de ses insignes, et traversant le boulevard Bonne-Nouvelle, au milieu de feux de peloton, a touché les corps chauds de deux hommes tués auprès de lui et coupables de l'avoir abordé et de lui avoir dit tout bas ces quatre mots que j'ai seul entendus : « Ne restez pas ici. »

« Lisons au *Moniteur officiel* du 14 mai 1865, ces lignes extraites du discours de M. le ministre d'Etat sur la tombe de M. de Morny, à qui l'on dresse des statues drapées et colossales ! »

« M. de Morny fut chargé de l'exécution ; pénétré de l'importance du coup d'Etat social auquel il concourait, il accepte avec une sorte de gaieté cette aventure périlleuse ; nous savons avec quel sang-froid, avec quelle modération il a rempli sa mémorable et périlleuse mission. »

Que le second empire dresse vingt statues de plus, mais qu'on nous laisse ensevelir nos morts, les coucher décemment. Qu'on ne persiste donc pas ou plutôt que l'on persiste (vous comprenez) à dire que le fait d'élever un monument au courage, à la fidélité, c'est porter atteinte à l'honneur de l'Empire !

Gambetta se leva. Qui de nous n'a entendu cette voix pleine, sonore, modulée, qui n'a vu ce visage hardi, rendu étrange par une infirmité, cette stature presque orgueilleuse, ce torse rejeté en arrière, ces mains ardentes et pétrissant la barre, ce geste heurté, suivant le mot, ou plutôt le lançant comme un projectile.

Il faut lire tout entier ce discours admirable. C'est une de ces pièces qui appartiennent à l'histoire. Qu'on n'oublie pas que, pour la première fois, l'Empire, habitué au silence, eutendit ces accents, semblant s'élever de la tombe de ses victimes, comme les voix des spectres accusant Richard III !

PLAIDOIRIE DE LÉON GAMBETTA

Messieurs, je me présente devant vous pour M. Ch. Delescluze, et mes conclusions tendent à ce qu'il plaise au tribunal de prononcer à son égard, non au point de vue de la sévérité réclamée par le ministère public, mais au point de vue des développements du droit public auxquels je vais me livrer, déclarer en conséquence qu'il n'y a pas lieu à poursuites, et condamner le ministère public aux dépens.

Messieurs, j'ai écouté hier avec des sentiments bien variés, sentiments que j'avais par moments bien de la peine à refouler et à contenir, le réquisitoire du ministère public. J'ai pensé toute la soirée à ce réquisitoire, j'ai eu le plaisir amer de le relire ce matin au jour, et c'est à peine si après m'être bien ausculté j'ai repris possession de moi-même, de mon âme et de ma parole.

Je me suis prêté le serment de ne rien trahir ici, ni mes convictions, ni le droit, sans manquer cependant à cette sobriété de langage qui convient aux grandes causes et en me tenant éloigné des excès de parole qui pourraient, en faisant interrompre ma plaidoirie, vous autoriser à ne pas me laisser achever la tâche que j'ai entreprise.

Je dis ceci avec d'autant plus de sécurité personnelle que j'ai trouvé, sous la parole du ministère public, le véritable terrain du débat.

Je suis d'accord avec lui sur ce qui est réellement en question devant vous ; comme lui, et après lui, je viens discuter cette question terrible, la plus haute qu'on puisse soumettre à des hommes dont la profession est de respecter la justice, et à d'autres dont la carrière est de la défendre.

Cette question la voici :

Est-ce qu'il peut exister un moment pour une nation, au sein d'une société civilisée, où la raison d'E-tat, où le coup d'Etat puisse impunément, sous prétexte de salut public, violer la loi, renverser la constitution, et traiter comme des criminels ceux-là qui défendent le droit au péril de leur vie ! Car, vous entendez bien que je ne veux pas m'attarder aux petits côtés de ce pro-cès, en m'engageant dans cet échafaudage puéril de dépositions de vos agents. Ces dépositions je les ai lues. Quoique jeune encore, j'ai quelque habitude des rapports de police. Eh bien ! lorsque j'ai interrogé ce dossier, lorsque j'ai examiné et comparé les rapports des témoins empruntés à ce qu'on appelle la brigade de la sûreté publique, j'ai éprouvé comme un sentiment de peur pour le gouvernement. Est-ce que la police commencerait à perdre et son assurance et son imagi-nation ? Car voici tout ce qu'ils ont trouvé : des gens réunis autour d'une tombe, les uns écoutant, les autres prononçant de prétendus discours, dont on ne peut pas retrouver un mot ; à côté de cela, des propos prêtés à des absents. En dehors de cela, rien, rien ! Vous dites

qu'il y a eu des discours séditieux. On va les produire ?
Nullement : c'est une affirmation de la police, non
contrôlée, non contrôlable. Et voilà votre accusation.

Ce n'est pas d'ailleurs la loi de 1858 qui importe
dans ce procès. Le procès, on vous l'a dit, c'est
M. Charles Delescluze. Si vous voulez la raison des
poursuites, c'est « à la personnalité dominante de
M. Delescluze qu'il faut la demander. » Voilà le mot, le
vrai mot du débat. De manœuvres, il n'en existe point,
il n'en saurait exister ; on sait trop que des hommes
tels que MM. Delescluze, Quentin, Peyrat, Challemel-
Lacour, n'ont pas besoin d'entente préalable pour se
souvenir de leurs morts et pour les honorer. Depuis
seize ans il y a là pour eux un culte de tous les jours,
de tous les instants, mêlé de douleurs et de ressenti-
ments, et fidèles ils sont restés, fidèles ils resteront à la
mémoire de leurs amis tombés dans un jour de sinistre
combat. De tels hommes n'ont pas besoin de concert et
de rappel pour avoir le sentiment de la reconnaissance
et des dates politiques.

Ah ! ce n'est donc pas assez que d'avoir chassé les
républicains de la République ! Vous voudriez encore
les chasser hors de la nature humaine ! Non ! la vérité
vraie, c'est que vous connaissez les sentiments des
hommes qui sont ici ; vous savez ce qu'il y a derrière
leurs douleurs, qui sont non pas seulement des douleurs d'amis, mais des douleurs de patriotes. Et alors,
craignant que l'exemple de ces hommes, dont vous savez bien que la conscience n'a jamais dormi, ne vienne
à réveiller la conscience publique, alors vous dites : Il
faut empêcher l'exhumation de ces spectres, il faut
couper court à cette revue terrible du passé ; et vous
faites un procès à ceux qui, par la signification même

de leur nom, ont la réputation d'avoir toujours vécu et lutté pour les mêmes principes et d'être restés les défenseurs inébranlables du même drapeau.

Delescluze, en effet, vous avez eu raison de le dire, a, ce que vous appelez, vous autres, un long casier judiciaire; moi je dis que c'est à son honneur, et que rien n'atteste mieux l'héroïsme de ses convictions que cette interminable liste de condamnations politiques. Dès 1834, Delescluze marquait sa foi aux intérêts du peuple, et depuis lors il n'a pas cessé de marcher dans cette voie, toujours frappé, jamais abattu. Et quand vous venez lui reprocher d'avoir, sous tous les gouvernements, même sous la République, combattu les réactions, vous ignorez peut-être que vous faites le plus bel éloge de son dévouement et de sa clairvoyance. C'est ainsi que, depuis 1834, vous nous le montrez luttant pour les mêmes principes, pour l'accomplissement radical de la Révolution française, pour son entier achèvement, applicable à l'intérêt de tous les citoyens.

A cette époque, et dès le début, il rencontrait sur son chemin la résistance des monarchies; cela n'a pas cessé; mais à ce moment, ce qu'il affirmait, c'était la grande pensée révolutionnaire, la pensée de l'émancipation politique et sociale, pleine de désintéressement et de justice; en 1834, six ans avant Strasbourg, huit ans avant Boulogne, voilà ce qu'il faisait, et Dieu sait que ce n'est pas la convoitise ni l'intérêt personnel qui le poussait sur le chemin de la vérité.

Voilà un homme et voilà l'homme! voilà celui qu'on accuse d'avoir fait l'apologie de l'assassinat. Souvenir a-t-on dit, qui doit faire rougir un cœur vraiment français. Il n'a donc pas le cœur français celui-là qui, depuis quarante ans, a donné, en échange de sa détresse et de sa misère, sa vie et son dévouement à son pays? Celui qui a tout sacrifié pour la France n'a pas le cœur français? Et savez-vous ce qu'on lui reproche? D'avoir fait l'éloge des assassins du général Bréa. Quand on a en main la défense d'une vie comme celle de M. Deslescluze, on lui doit toute la vérité, on la lui doit à lui et surtout aux magistrats, parce que je sais quelles préventions, quels préjugés singuliers se forment sur l'homme constamment mêlé à la lutte, et parce que je sais, quand il est vaincu, quelle légende monstrueuse on arrive à construire contre lui par l'entassement des calomnies.

C'est ainsi que souvent un juste, un martyr, meurt avec la réputation d'un scélérat, et c'est là ce qu'on appelle former l'opinion des honnêtes gens. Eh bien! moi qui, à l'heure actuelle, tiens pour ma part l'occasion de faire le bien, de rétablir le vrai, d'affirmer une mémoire qui nous est chère, je suis fier de l'occasion qui m'est offerte, et je ne faillirai pas.

En 1848, on faisait juger à Paris en vertu d'une loi martiale, par les conseils de guerre, au nom de la République dont il ne restait déjà plus qu'une vaine étiquette, les vaincus de juin, les vaincus de la place publique. Ce drame de juin, je ne l'introduirai pas dans le débat, et que de gens bénéficieront de mon silence! Ce que je veux dire, c'est ce que le général Bréa n'avait pas été, comme on l'a raconté, l'objet de traitements indignes; mais le débat est ailleurs. La discussion de Delescluze, discussion de presse, portait sur un autre ordre d'idées.

Son thème était celui-ci : La preuve que vous cherchez non pas la justice mais la vengeance, c'est que vous n'avez pas renvoyé ces assassins, comme on les appelait, devant un jury ; c'est que vous leur avez refusé la justice naturelle qui leur était due et était leur garantie ; c'est que vous avez imaginé rétroactivement une juridiction militaire qui continue la guerre civile et prolonge le duel après le combat et le désarmement.

Or, songez-y bien, en envoyant ces ouvriers devant des militaires pour les faire condamner à mort, vous relevez l'échafaud politique que la révolution de 1848 avait brisé : voilà ce qu'écrivait Delescluze (*M. l'avocat impérial fait un signe de dénégation.*)

M⁰ Gambetta. — J'ai lu l'article.

M. l'Avocat impérial. — Moi aussi !

M⁰ Gambetta. — Permettez. monsieur l'avocat impérial, nous le relirons quand vous voudrez, ces procès-là sont toujours bons à replaider. (*Interruptions.*)

M⁰ Gambetta, *se retournant vers le fond de l'auditoire.* — Soyez silencieux, messieurs, j'ai besoin de tout votre silence.

Je reprends : J'ai dit que c'était une pensée vraiment généreuse et républicaine, qui avait inspiré l'article. A ce moment où la République était exposée à sombrer, il fallait sauver du naufrage la proclamation du suffrage universel et l'abolition de la peine de mort, et lui, ce fougueux républicain, cet homme de sang, comme on nous le présente, il disait : Prenez garde, ne- versez pas de sang ; ne relevez pas l'échafaud politique ; nous l'avons aboli, nous avons voulu donner au monde cet exemple de sagesse que la révolution de 1848, fille de sa grande devancière, ne lui a emprunté que les dogmes de la justice et de la paix ; nous avons voulu dénoncer au monde que puisqu'elle n'a pas en face d'elle les mêmes résistanees et les mêmes périls, ni au dedans ni au dehors, nous n'avons pas besoin d'avoir recours au couperet ; nous l'avons supprimé, vous le rétablissez ; prenez garde à ce que vous faites ; ne touchez pas à cette hache ! sinon, souvenez-vous qu'il n'y a rien d'infructueux dans l'histoire et que vous pourriez avoir à déplorer de terribles retours.

Telle est, messieurs, la doctrine pour laquelle **on a** frappé Delescluze, et puisqu'on avait renouvelé ce souvenir, je devais renouveler la défense.

Cela dit, et au point où nous en sommes du procès, vous devez maintenant apprécier la nature stoïque, ferme, que l'on veut frapper. Cet homme, cet ami est revenu en France il y a huit ans ; mais il n'est rentré dans la vie politique que depuis deux ans à peine. On vous a parlé de son programme, du titre de son journal, et on a trouvé que ce mot le *Réveil* était un symbole. En cela on n'a pas eu tort, mais là où l'on s'est égaré, c'est en insinuant que ce simple mot de reveil contenait une sédition.

M. l'Avocat impérial. — Je n'ai pas parlé de cela, J'ai fait allusion à la formule : Liberté, Egalité, Fraternité.

M⁰ Gambetta. — C'est bien plus grave.

M. Delescluze. Nous prendrons la parole à notre tour et je vous répondrai.

M. le Président. — Laissez parler votre défenseur ; vous croyez que l'on trouve une intention dans le mot *Réveil*. M. l'avocat impérial s'en défend.

Continuez, maître Gambetta.

M⁰ Gambetta. — Puisque le *Réveil* paraît à M. l'avocat impérial, comme à moi, un titre simplement heureux et caractéristique, je ne mets aucune résistance à abandonner ce point de la discussion, mais comme dans l'interruption, M. l'avocat impérial nous a dit tout le contraire au sujet des mots : Liberté, Egalité, Fraternité, que M. Delescluze a pris pour épigraphe et placé à la tête de son journal comme un enseignement d'avant-garde, qu'il me permette de lui dire qu'il était impossible que M. Delescluze, au moment où il a ressaisi la plume, ne commençât pas par revendiquer le grand symbole triple et un. C'est là en effet que doit se trouver la principale raison des poursuites, c'est là le programme que l'on a voulu toucher, car on se trouvait en présence de principes et en présence d'un homme qui ont le don de déplaire.

La rentrée de M. Delescluze dans la politique, le journal qu'il vient de fonder, la nature de ses convictions, le programme qu'il a lancé dans le public : tout cela a été de la part de l'autorité un motif de surveillance et, disons le mot, d'une hostilité évidente qui éclate dans le procès qu'on nous fait aujourd'hui.

Cependant M Delescluze, qui était rentré en France sous la foi de l'amnistie, devait s'attendre, — quoiqu'il ne se soit sans doute pas fait de grandes illusions à cet égard, — à ce qu'il lui fût permis d'exercer, sinon tous ses droits de citoyen, du moins tous ceux d'entre ces droits qui ne sont pas en désaccord avec l'actuelle légalité. C'est pour cela qu'il est venu, infatigable ouvrier, reprendre son œuvre et chercher s'il n'était pas possible de redresser les idées du public sur ce qui a été l'œuvre de son parti, c'est-à-dire l'œuvre du 24 février 1848.

Cette œuvre, on en a beaucoup médit depuis vingt ans ; il n'est pas d'outrages dont on n'ait abreuvé les hommes du 24 février, et cependant vous avez repris les choses assez haut hier pour que, à mon tour, je puisse revenir sur le passé, pour que je puisse interroger brièvement la pensée mère de 1848, indiquer p r quelles trahisons infâmes et continues cette pensée a été vaincue, chercher avec vous, comme vous l'avez dit, s'il est vrai que le pouvoir, issu après coup de cette généreuse révolution, et qui l'avait reçue en dépôt, sous un serment unique et solennel, si ce pouvoir dépositaire avait été gratifié de je ne sais quelle mission providentielle pour abattre la forme même de gouvernement qu'il était chargé de protéger, et qui venait d'être fondée aux acclamations du pays et du monde entier.

Existe-t-il dans la collection des mensonges historiques un prétexte ou une apparence de prétexte qui puisse excuser cette violation de dépôt et laver les gardiens ? Voilà le débat ! Voilà le vrai procès !

Un pareil procès a-t-il jamais été agité à aucune époque parmi les hommes ? Non ! jamais ! Remontez jusqu'au temps d'Athènes, jusqu'au temps de Rome, cherchez s'il y a jamais eu un procès comparable à celui dont vous êtes saisis ? Quant à moi, je le dis avec toute l'énergie des forces qui vibrent dans mon être, j'ai beau interroger mes souvenirs, consulter l'histoire, jamais, non jamais je n'ai rencontré un pareil duel entre le droit et la force, jamais je ne les ai vus si ouvertement ni si injustement aux prises dans cet éternel drame dont se compose l'humanité.

Je ne sais si je me fais illusion, mais il me semble que le dernier endroit pour soutenir de telles thèses, pour glorifier de tels attentats, c'est le prétoire du juge ; car ici la loi seule doit parler et être entendue. Seule elle doit être l'intérêt et la passion du magistrat ; puisque sans elle il n'y a rien de stable, de durable et de respecté, que toute certitude sociale disparaît, et qu'on aboutit fatalement à l'anarchie avec tout ce qu'elle entraîne de désordres et de lâchetés ; je me demande si c'est dans cette enceinte particulière du droit qu'il sera permis de me contredire?

Rappelez-vous ce que c'est que le 2 décembre ! Rappelez-vous ce qui s'est passé ! Les actes viennent d'être repris, racontés par M. Ténot dans leurs épisodes navrants ; vous avez lu ce récit, qui se borne aux faits et d'une impartialité d'autant plus vengeresse ; vous savez tout ce qu'il y a de sang et de douleur, de larmes dans cette date ; mais ce qu'il faut dire ici, ce qu'il faut faire toucher du doigt, c'est la machination, c'est la conséquence, c'est le mal causé à la France, c'est le trouble apporté dans les consciences par cet attentat ; c'est là qu'est la véritable responsabilité.

C'est cela qui pourra vous faire apprécier jusqu'à quel point vous nous devez aide et protection quand nous venons honorer la mémoire de ceux qui sont tombés pour avoir défendu la loi et la Constitution qu'on égorgeait.

Oui ! le 2 décembre, autour d'un prétendant se sont groupés des hommes que la France ne connaissait pas jusque-là, qui n'avaient ni talent, ni honneur, ni rang, ni situation, de ces gens qui, à toutes les époques, sont les complices des coups de la force, de ces gens dont on peut répéter ce que Salluste a dit de la tourbe qui entourait Catilina, ce que César dit lui-même en traçant le portrait de ses complices, éternels rebuts des sociétés régulières :

« *Ære alieno obruti et vitiis onusti,* »
« Un tas d'hommes perdus de dettes et de crimes. »

comme traduisait Corneille.

C'est avec ce personnel que l'on sabre depuis des siècles les institutions et les lois, et la conscience humaine est impuissante à réagir, malgré ce défilé sublime des Socrate, des Thraséas, des Cicéron, des Caton, des penseurs et des martyrs protestant au nom de la religion immolée, de la morale blessée, du droit écrasé sous la botte d'un soldat.

Mais ici, il ne peut pas en être de la sorte : quand nous venons devant vous, magistrats, et que nous disons ces choses, vous nous devez aide et protection.

Ces hommes ont prétendu avoir sauvé la France ; il est un moyen décisif de savoir si c'est une vérité ou une imposture. Quand un pays traverse réellement une crise suprême, qu'il sent que tout va succomber, jusqu'à l'assiette même de la société, alors savez-vous ce qui arrive ? c'est que ceux que la nation est habituée à compter à sa tête, parce qu'ils se sont illustrés par leurs talents et leurs vertus, accourent pour la sauver. Si je compte, si je dénombre, si j'analyse la valeur des hommes qui ont prétendu avoir sauvé la patrie au 2 décembre, je ne rencontre parmi eux aucune illustration, tandis que, de l'autre côté, je vois venir au secours du pays des hommes comme Michel de Bourges, Charras, mort, — Ledru était déjà exilé, — et tant d'autres pris dans l'élite des partis les plus divers ; par exemple, notre Berryer, ce mourant illustre, qui, hier, encore, nous envoyait cette lettre de l'homme de cœur, et qui prouve que tous les partis se tiennent pour la revendication de la morale.

Où étaient M. Thiers, M. de Rémusat, les représentants autorisés des partis orléaniste, légitimiste, républicain, où étaient-ils ? A Mazas, à Vincennes, tous les hommes qui défendaient la loi ! En route pour Cayenne, en partance pour Lambessa, ces victimes spoliées d'une frénésie ambitieuse. Voilà, messieurs, comment on sauve la France ! Après cela, pensez-vous qu'on ait le droit de s'écrier qu'on a sauvé la société uniquement parce qu'on a porté la main sur le pays ?

De quel côté était le génie, la morale, la vertu ? Tout s'est écroulé sous l'attentat !

M. le Président. — Maître Gambetta, je vous ferai observer que vous ne tenez pas la promesse que vous aviez faite en commençant de ne point vous laisser entraîner.

J'aurais dû vous arrêter lorsque vous avez dit que le dernier endroit où devait se plaider cette cause était un prétoire. Je vous invite à continuer, mais avec plus de modération.

M⁰ Gambetta — Je continue en effet ma plaidoirie, et je m'efforce de conserver la mesure ; mais vous comprenez qu'il y a dans cette cause des émotions suprêmes qui mettent l'avocat en lutte avec ce qui constitue le calme et l'atmosphère habituelle de vos audiences, et vous avez compris qu'il était impossible d'apporter ici les banalités de forme de la rhétorique pour vous entretenir d'une si effroyable tragédie.

Il est donc bien clair, pour reprendre le fil de ma pensée, qu'on n'a pas sauvé la France, qu'on n'a pas sauvé la société. Ceux qui ont appréhendé le pays, enchaîné sa liberté, se sont servis des nouveaux moyens donnés par la science aux hommes pour entrer plus facilement en communication. La centralisation et la terreur ont tout fait. On a trompé Paris avec la province ! On a trompé la province avec Paris. La vapeur, la télégraphie sont devenues des instruments de règne ; on lançait à travers tous les départements cette nouvelle que Paris était soumis! Soumis! il était assassiné. Soumis! on le fusillait, on le mitraillait; moi qui vous parle, j'ai eu des amis, entendez-vous bien, qui ont été tués en sortant de l'Ecole de droit; ils étaient sans armes; il est vrai qu'ils étaient bien imprudents et bien coupables d'être venus apprendre le droit dans un pays où on le respecte de cette manière.

C'est ainsi que de Paris la terreur s'est propagée en province, où les déportations sans jugement l'ont maintenue longtemps encore... Il faut bien, puisque vous avez voulu reprendre cette histoire et vous en faire une tradition, il faut vous rappeler ce que vous avez dit : « Nous ne faisons pas de distinction, nous, les serviteurs zélés, entre le 2 et le 20 décembre, nous ne répudions rien, au contraire, nous nous glorifions de tout. »

Mais, messieurs, est-il possible que le 2 décembre ait été l'œuvre de la volonté nationale? Est-il possible que la volonté d'un peuple ait employé la force pour renverser la légalité et le droit, pour détruire le peuple lui-même? On ne peut accepter cela ; et remarquez-le, messieurs, on ne tend à rien moins qu'à vous saisir, qu'à vous arracher un jugement dans lequel on dirait : Qu'attendu que le 2 décembre est conforme à la morale, à une mission latente qu'avait reçue le prince, les gens qui sont tombés à la barricade du droit ont été justement frappés.

Que vient-on ici parler de plébiscite, de la clause ratificatoire ? Voilà, en effet, un bel argument tiré de l'article 1358 du Code civil, et transporté dans ce domaine sinistre qui ne s'y attendait guère. Ah! 5 millions de suffrages ne vous suffisent pas! au bout de dix-sept ans de règne vous vous apercevez qu'il serait bon d'interdire la discussion sur ces faits à l'aide d'une ratification posthume émanée d'un tribunal correctionnel ! Non, il n'en sera pas ainsi ; non, vous ne donnerez pas, vous ne pouvez pas donner cette satisfaction, car pour ce procès il n'existe pas de tribunal en dernier ressort : il a été jugé hier, il le sera demain, après-demain, toujours, sans trêve et sans relâche jusqu'à ce que la justice ait reçu sa suprême satisfaction. Ce procès du 2 décembre demeurera, quoi qu'on fasse, survivant et ineffaçable à Paris, à Londres, à Berlin, à New-York, dans le monde entier, et partout la conscience universelle portera le même verdict.

Il y a d'ailleurs quelque chose qui juge nos adversaires. Écoutez, voilà dix-sept ans que vous êtes les maîtres absolus, discrétionnaires de la France, — c'est votre mot, — nous ne recherchons pas l'emploi que vous avez fait de ses trésors, de son sang, de son honneur et de sa gloire, nous ne parlerons pas de son intégrité compromise, ni de ce que vous avez fait des fruits de son industrie, sans compter que personne n'ignore les catastrophes financières qui, en ce moment même, sautent comme des mines sous nos pas ; mais ce qui vous juge le mieux parce que c'est l'attestation de votre propre remords, c'est que vous n'avez jamais osé dire : Nous célébrerons, nous mettrons au rang des solennités de la France le 2 décembre comme un anniversaire national, et cependant tous les régimes qui se sont succédé dans ce pays se sont honorés du jour qui les a vus naître ; ils ont fêté le 14 juillet, le 10 août ; les journées de juillet 1830 ont été fêtées ainsi que celles du 24 février ; il n'y a que deux anniversaires, 18 brumaire et 2 décembre, qui n'ont jamais été mis au rang des solennités d'origine, parce que vous savez que si vous vouliez les y mettre, la conscience universelle les repousserait.

Eh bien ! cet anniversaire dont vous n'avez pas voulu, nous le revendiquons, nous le prenons pour nous : nous le fêterons toujours, incessamment ; chaque année ce sera l'anniversaire de nos morts jusqu'au jour où le pays redevenu le maître vous imposera la grande expiation nationale au nom de la liberté, de l'égalité, de la fraternité... *(S'adressant à M. l'avocat impérial)*. Ah ! vous levez les épaules !

M. l'Avocat impérial. — Mais ce n'est plus de la plaidoirie...

Mᵉ Gambetta — Sachez-le, je ne redoute pas plus vos dédains que vos menaces. En terminant hier votre réquisitoire, vous avez dit : *Nous aviserons!* Comment, avocat impérial, magistrat, homme de loi, vous osez dire : « Nous prendrons des mesures ! » Et quelles mesures ? Ne sont-ce pas là des menaces? Eh bien ! écoutez, c'est mon dernier mot : Vous pouvez nous frapper, mais vous ne pourrez jamais ni nous déshonorer, ni nous abattre !

Combien fut grand, profond, stupéfiant, pour ainsi dire, le retentissement de cette superbe plaidoirie. Gambetta ! Ce nom en une soirée fut sur toutes les lèvres, dans tous les esprits, dans toutes les consciences. Aujourd'hui que cet homme est mort, nous laissant la douleur immense et le regret qui ne finit point, il nous est permis, sans soupçon de flatterie, d'exprimer toute notre pensée. Gambetta, qu'on le sache bien — et la postérité le dira — fut le grand Français par excellence, le plus dévoué et le plus admirable des républicains. Du jour où il se leva contre l'Empire, Napoléon frissonna, et, effaré, regardant autour de lui, voyant les nains ridicules — les Rouher — les Pinard — les Schneider — qui lui faisaient cortège, il comprit que la lutte n'était pas possible contre ce géant qui le défiait. Ce fut de ce jour-là qu'affolé il s'accrocha à toute branche, à Ollivier, au plébiscite, à la guerre. Il était perdu.

Tandis que M. Pinard, au jour anniversaire de la mort de Baudin, massait autour du cimetière Montmartre, plusieurs milliers de soldats, attendant une manifestation qui ne vint pas, se couvrant de ridicule et contraignant l'empereur à lui retirer son portefeuille, la voix de Gambetta, retentissant encore à travers la France, évoquait partout le ressouvenir du droit, de la justice, de la loi, frappés en la personne de Baudin, le martyr de décembre.

J. L.

Sceaux. — Imprimerie Charaire et Cie.